Inhalt

Hotelportale und Online-Buchungen - Hoteliers ohne Preishoheit?

Kernthesen

Beitrag

Fallbeispiele

Zahlen und Fakten

Weiterführende Literatur

Impressum

GENIOS BranchenWissen Nr. 05/2006 vom 16.05.2006

Hotelportale und Online-Buchungen - Hoteliers ohne Preishoheit?

Autor GENIOS BranchenWissen: I.Zeilhofer-Ficker

Kernthesen

- Der Anteil von Buchungen über hoteleigene Internetseiten, Hotelportale und andere elektronische Medien ist in den vergangenen Jahren stark angestiegen und wächst rasant weiter.
- Die durch das Internet erreichte hohe Preistransparenz für den Hotelgast führte zu niedrigeren Durchschnittspreisen bei nur marginaler Verbesserung der Auslastung.
- Dem gegenüber hat schon mancher Hotelier den Überblick darüber verloren,

welche Raten für sein Haus im Web überhaupt herum schwirren.
- Eine konsequente Preisstrategie, die Nutzung aller Verkaufskanäle und ein professionelles Yield- und Revenue-Management sind vonnöten.

Beitrag

Sie brauchen kurzfristig ein Hotelzimmer übers Wochenende in Berlin? Oder eine Geschäftsreise nach Turin steht an? Ein passendes Hotel zu günstigen Preisen ist heute übers Internet schnell gefunden und gebucht. Nicht alle Hoteliers sind über diese Entwicklung wirklich glücklich.

Hotels und Internet eine glückliche Mischung?

Brauchte man noch vor wenigen Jahren kurzfristig ein Hotelzimmer zu Messezeiten, so war eine Sekretärin gut und gerne einen ganzen Tag damit beschäftigt, alle in Frage kommenden Hotels durchzutelefonieren und nach Möglichkeiten zu suchen. Oft landete man trotzdem in total überteuerten Pensionszimmern irgendwo in der Pampa. Heutzutage hat man es da wesentlich leichter rein ins Web, Hotelportal aufgerufen, gewünschter Ort und Datum eingegeben und in Sekundenschnelle erscheint eine Liste mit verfügbaren Hotels, praktisch sortiert nach Preis oder Ausstattung, je nachdem, wie man es gerne hätte. Nun noch Name und Kreditkarte eingegeben und die Reservierung steht. (1)

Schon über 15 Prozent der Bundesbürger buchen Reisen über das Internet. Auf 8,5 bis 9,5 Milliarden Euro pro Jahr wird der Web-Reiseumsatz in Deutschland geschätzt, wobei die Fluggesellschaften einen Anteil von rund 75 Prozent daran halten. Doch dann folgen schon die Hotelverkäufe, für die allgemein eine steigende Tendenz festzustellen ist. (2), (3)

Für den Verbraucher sind die Hotelportale nicht nur ein einfacher Weg zum Finden eines Zimmers, sie bieten auch umfangreiche Möglichkeiten zum Preisvergleich zwischen gleichwertigen Quartieren und es kann in aller Ruhe das Haus gewählt werden, das einem am besten gefällt und dessen Preis-Leistungs-Verhältnis am günstigsten erscheint. Das spiegelt sich auch in steigenden Buchungsanteilen über das Web wieder und laut Prognosen werden im Jahr 2009 bereits 35 Prozent aller Hotelbuchungen über das Internet erfolgen. (1), (7)

Nicht alle Hoteliers sind aber glücklich über den

Online-Vertrieb. Die eigene Internetseite ist natürlich Pflicht, doch die Chance, unter den Millionen von Hotelseiten im Web gefunden zu werden, ist relativ gering, wenn man sich nicht einer Hotelkette oder Kooperation angeschlossen hat, oder in mindestens einem der mittlerweile zahlreich existierenden Hotelportale gelistet ist. Selbst wenn ein Hotelier mit den Pauschalveranstaltern zusammen arbeitet, kann er sich nicht mehr darauf verlassen, dass das vereinbarte Bettenkontingent auch tatsächlich abgenommen wird. (4)

Was die Hoteleigner aber am meisten stört ist die Tatsache, dass die Hotelportale die Preise nach eigenen Vorstellungen festlegen. Der Hotelier vereinbart mit dem Internet-Portal üblicherweise eine Nettorate, auf die dann ein gewisser Anteil für die Vermittlung aufgeschlagen wird. Dieser Aufschlag kann je nach Nachfrage allerdings sehr unterschiedlich sein und in manchen Fällen werden Zimmer sogar unter Einkaufspreis angeboten, um die Masse sicherzustellen. De facto geht dadurch dem Hotel die Preishoheit verloren und man weiß im Endeffekt oft gar nicht, welche Preise im Web für das eigene Haus verlangt werden. (5), (6)

Ähnlich problematisch dürfte es sein, Zimmerkontingente über Ebay versteigern zu lassen. Dieser Trend, der von manchen als Lösung der

Auslastungsproblematik angesehen wird, erfreut sich bei den Kunden wachsender Beliebtheit und bereits alle vier Minuten wird in Ebay ein Zimmer versteigert. Die Hotels wissen aber so erst nach Ende der Versteigerung, welcher Preis für das Zimmer gezahlt werden wird. (15)

Best Price für Einen oder gleiche Preise für alle?

Hotelbesitzer in Deutschland freuen sich zwar über eine auf 61,5 Prozent gestiegene Zimmerlauslastung, vermelden aber gleichzeitig einen Reduzierung der im Vergleich niedrigen Durchschnittspreise um 0,8 Prozent im Jahr 2005. Die höhere Auslastung wurde also über sinkende Preise erkauft. Zusätzlich belasten Vertriebskosten von bis zu 30 Prozent das Betriebsergebnis in negativer Weise. Vor allem für GDS-Vermittlungen (GDS=Global Distribution System) fallen neben der Reisebüroprovision noch zusätzliche Systemgebühren an. (7), (8), (9)

Einige Portale werben mittlerweile mit Best-Preis-Garantien für manche Häuser, die über das Portal um zehn Prozent günstiger angeboten werden, als über alle anderen Vertriebskanäle. Die Best-Price-Strategie ist nicht unumstritten. So mancher Hotelbetreiber ist der Auffassung, dass nur identische Preise in allen Vertriebskanälen eine Abwärtsentwicklung der Übernachtungspreise aufhalten kann. Andererseits vermelden Exklusivpreis-Partner von Hotelportalen Umsatzsteigerungen von über 40 Prozent. (8), (9), (10)

Was langfristig wirtschaftlich am sinnvollsten ist, ist schwer feststellbar. Tatsache ist, dass sich bereits einige Hotelketten aus der Vertriebsschiene Hotelportal zurückgezogen haben und verstärkt mit eigenen Internetseiten und Reservierungssystemen sowie Kundenbindungsprogrammen arbeiten. Andererseits sind leer stehende Hotelzimmer verderbliche Ware, d. h. ein leer stehendes Zimmer liefert auch keine Deckungsbeiträge. Selbst wenn Zimmer zu Niedrigpreisen gefüllt werden, ist das erst einmal besser, als wenn sie leer stehen blieben. Langfristig allerdings könnte sich diese Strategie als sehr gefährlich herausstellen. Denn wenn ein Gast einmal 50 Euro für eine Nacht bezahlt hat, warum sollte er dann beim nächsten Mal zu 100 Euro pro Nacht buchen. (11), (12)

Spezialisten raten stattdessen zu konsequenter Kategorisierung der Zimmer und Preisoptimierung durch Yield und Revenue Management Werkzeuge. Mit ein wenig gehobener Zimmerausstattung, einem Obstkorb oder Bademantel im Zimmer, kann man beispielsweise leicht aus einem Standard- ein

Superior-Zimmer machen, das zu höheren Preisen verkauft werden kann. Höhere Business-Raten können mit kostenlosem Zugang zu Internet und Wellness-Bereich sowie inkludiertem Frühstück gerechtfertigt werden. Kann man nicht auf die Vermarktung über Hotelportale verzichten, so sollten dort möglichst nur Standard-Zimmer ohne Zusatzleistungen angeboten werden. Ansonsten ist die Beschränkung auf eine möglichst geringe Anzahl unterschiedlicher Raten empfehlenswert, damit der Überblick erhalten bleibt. Eine Nutzung aller Vertriebskanäle sichert die gute Erreichbarkeit für den Kunden. (13), (14), (16)

Schließlich sollte auf steigende Nachfrage wie bei den Airlines schon lange normales Geschäftsgebaren mit steigenden Preise reagiert werden. Umgekehrt bieten sich bei geringer Auslastung niedrigere Promotionsraten an, die allerdings eine gewisse Preisgrenze nicht unterschreiten sollten. Automatisierte Yield Management Systeme können hier hilfreiche Dienste leisten. (13), (14)

Fallbeispiele

Eine ganze Reihe von Hotelportalen konkurrieren um die Gunst der Hotelgäste. Hier die gängigsten im Vergleich:

HRS

HRS hat 186 000 Hotels weltweit im Angebot, für 2 100 davon gibt es ein Exklusivpreisangebot. Die bekanntesten Exklusivpreis-Partner sind die Lindner Hotels. Das Portal steht sowohl Privat- als auch Geschäftskunden offen. (17), (18)

Hotel.de

Das Hotel.de-Konzept ist dem von HRS sehr ähnlich, 180 000 Hotels sind weltweit im Angebot, einige davon ebenfalls mit Bestpreis-Garantie. Die Besonderheit von Hotel.de ist die Möglichkeit der Einbindung in Internet Booking Engines. (17), (18)

Ehotel

85 000 Häuser sind bei Ehotel im Angebot plus 10 000 mit Spezialpreisen des Radius-Einkaufsverbands.

Standortsuche mit Hilfe von Map24 kann eingesetzt werden. (18)

CRC Corporate Rates Club

Dieses Portal steht nur Firmenkunden offen. Es listet 315 000 Hotels und Appartements auch in weniger gut besuchten Gebieten. (17), (18)

Hotelzon

Der Newcomer aus Finnland bietet 75 000 Hotels an. Als Besonderheit werden auch ausgebuchte Hotels angezeigt, damit bei einem speziell gewünschten Hotel die Reisezeit angepasst werden kann. (18)

TUI Hotelportal

38 000 Hotels sind beim TUI Hotelportal abrufbar. In erster Linie befinden sich die Hotels in den klassischen Warmwasserzielen, die Datenbank wird aber ergänzt mit Häusern in Städtezielen, vor allem in den von HLX angesteuerten Zielgebieten. (17)

Reservierungssysteme GDS (Global Distribution System)

Die klassischen Hotelportale erhalten Konkurrenz von den Reservierungssystembetreibern (GDS), die hauptsächlich von Reisebüros für die Hotelbuchung genutzt werden. Amadeus hat 58 000 Hotels im Angebot, teilweise mit Exklusivpreisen. Galileo listet 62 000 Hotels im Room Master plus 30 000 in Galileo Leisure. Sabre hat 71 000 Häuser im Portfolio, über Merlin sind 52 000 Hotels in Warmwasserzielen buchbar. (17)

Zahlen & Fakten

Top 5 Buchungswege bei der Hotelbuchung 2005

Rang	Buchungsweg	in Prozent
1	Telefonisch	34,5
2	Schriftlich	32,1
3	Elektronisch	15,9
4	Touristische Partner	11,7
5	Persönlich	5,8

Quelle: Hotelverband Deutschland

Entnommen aus: Touristik R.E.P.O.R.T, 26/2005, S. 35

(19)

Top 8 Internetportale für die Hotelbuchung nach Marktanteil 2005

Rang	Internetportal	Marktanteil 2005 in Prozent
1	HRS	57,30
2	hotel.de	9,60
3	Expedia	5,90
4	WorldRes	3,70
5	hotels-stadt.de	1,40
6	eHotel	1,20
7	Tourisline	0,70
8	DIRS	0,20
	Sonstige	20,00

Quelle: Hotelverband Deutschland

Entnommen aus: Touristik R.E.P.O.R.T, 26/2005, S. 35
(19)

Weiterführende Literatur

(1) Schönes Zimmer in letzter Minute gefunden aus Frankfurter Allgemeine Sonntagszeitung, 05.02.2006, Nr. 5, S. 56

(2) Immer mehr Reisen beginnen mit einem Mausklick

aus Stuttgarter Zeitung, 14.03.2006, S. 12

(3) Die Katalogreise bleibt am Counter
aus fvw Nr. 10 vom 28.04.2006 Seite 032

(4) Wo Agenturen und Hotels zueinander finden
aus fvw Nr. 10 vom 28.04.2006 Seite 076

(5) Expedia, Ebookers & Co im Clinch mit den großen Ketten
aus "Tourist Austria International" Nr. 1751 vom 03.06.2005 Seite: 9

(6) Keiler-Karawanen und Verlust der Preishoheit
aus "Tourist Austria International" Nr. 1775 vom 18.11.2005 Seite: 14

(7) Wellness auf dem Siegeszug
aus NGZ - Der Hotelier 03 vom 25.03.2006 Seite 022

(8) Streit um die Preisstrategie
aus fvw Nr. 22 vom 01.09.2005 Seite 058

(9) Bedrohung Internet
aus NGZ - Der Hotelier 06 vom 01.10.2005 Seite 056

(10) 5 Preisstrategien für mehr Rendite Auch wenn die Konjunktur 2006 anzieht - der Konkurrenzkampf in jeder Branche dürfte kaum an Schärfe verlieren. Überall werden die Unternehmen weiter in Preisschlachten um Marktanteile und Umsätze ringen. Überall? Nein, es gibt sie, die preiswaffenfreien Zonen, die friedlichen Nischen, in denen nichts vom

Schlachtenlärm da draußen zu hören ist. \ Zum Beispiel in der Luxusbranche. Hier stimmen Preis, Umsatz und Rendite. Unternehmer sein macht noch Spaß. Auch andere Geschäfte bieten Chancen für erfreuliche Renditen, etwa wenn man den Kunden besondere Produkte offeriert. »Unterscheide dich!«, lautet die einfache, doch erfolgreiche Devise. impulse zeigt Ihnen fünf erprobte Strategien, mit denen Sie die Rendite kräftig verbessern können. Autoren: \ Michael Jansen, Peter Neumann, Susanne Widrat
aus Impulse vom 01.05.2006, Seite 18

(11) Mit einem Fünfliber ins Ferienglück
aus CASH Die Wirtschaftszeitung der Schweiz vom 01.09.2005 Seite 15

(12) Loyalty: is it for sale? Hotel brands are offering everything from points to Porsches and personal recognition to build their guests' loyalty. special report
aus Hotels, United States (HOTELS), 40 (2006) 3 page 35

(13) Nach dem Training ist nichts mehr wie es war
aus NGZ - Der Hotelier 05 vom 03.09.2005 Seite 048

(14) Wie man Zimmer profitabler verkauft
aus NGZ - Der Hotelier 01 vom 28.01.2006 Seite 082

(15) Urlaub zum Selbstmachen
aus "Der Standard" vom 10.05.2006 Seite: 16

(16) Hoteliers auf neuen Vertriebswegen
aus fvw Nr. 30 vom 09.12.2005 Seite B07

(17) Wettlauf um Betten
aus fvw Nr. 04 vom 17.02.2006 Seite 064

(18) Boom der Bettenbroker
aus fvw Spezial Business Travel Nr. 07 vom 24.03.2006
Seite 058

(19) D: Top Buchungswege bei der und
Internetportale für die Hotelbuchung 2005
aus Touristik R.E.P.O.R.T, 26/2005, S. 35

Impressum

Hotelportale und Online-Buchungen - Hoteliers ohne Preishoheit?

Bibliografische Information der deutschen Nationalbibliothek

Die Deutsche Nationalbibliothek verzeichnet diese Publikation in der deutschen Nationalbibliografie; detaillierte bibliografische Daten sind im Internet über http://dnb.d-nb.de abrufbar.

ISBN: 978-3-7379-2944-8

© 2015 GBI-Genios Deutsche Wirtschaftsdatenbank GmbH, Freischützstraße 96, 81927 München, www.genios.de

Alle Rechte vorbehalten. Dieses Werk ist einschließlich aller seiner Teile – z.B. Texte, Tabellen und Grafiken - urheberrechtlich geschützt. Jede Verwertung außerhalb der Grenzen des Urheberrechtsgesetzes bedarf der vorherigen Zustimmung des Verlags. Dies gilt insbesondere auch für auszugsweise Nachdrucke, fotomechanische

Vervielfältigungen (Fotokopie/Mikroskopie), Übersetzungen, Auswertungen durch Datenbanken oder ähnliche Einrichtungen und die Einspeicherung und Verarbeitung in elektronischen Systemen.

Der Anteil von Buchungen über hoteleigene Internetseiten, Hotelportale und andere elektronische Medien ist in den vergangenen Jahren stark angestiegen und wächst rasant weiter. Die durch das Internet erreichte hohe Preistransparenz für den Hotelgast führte zu niedrigeren Durchschnittspreisen bei nur marginaler Verbesserung der Auslastung. Dem gegenüber hat schon mancher Hotelier den Überblick darüber verloren, welche Raten für sein Haus im Web überhaupt herum schwirren. (...)

http://www.genios.de
ISBN 978-3-7379-5325-2

Geschichte

Johannes Konrad

Justinian und die (Rück-) Eroberung Afrikas

Studienarbeit